Industrielle Genossenschaften.

Die genossenschaftliche Bedarfsversorgung der Industrie.

Von

Dr. Robert Deumer

in Hamburg.

1920

München, Berlin und Leipzig

J. Schweitzer Verlag (Arthur Sellier).

1. Erst schüchtern nur, aber allmählich immer kräftiger beginnt der Gedanke der genossenschaftlichen Organisation auf dem Gebiete der **industriellen** Produktion Raum zu gewinnen. Und dieser Gedanke entsprang nicht den theoretischen Problemforschungen eines praxisfremden Genossenschaftsfanatikers, welcher, verwirrt und verführt durch die sich mehrenden Erfolge des genossenschaftlichen Zusammenschlusses auf dem Gebiete der Landwirtschaft oder der genossenschaftlichen Konsumvereinsorganisation etwa des Glaubens sein könnte, es bedürfe auch auf dem Gebiete der industriellen Produktion nur des genossenschaftlichen Zusammenschlusses, um die Schätze der Welt den genossenschaftlich Verbundenen zu Füßen zu legen, vielmehr ist der Gedanke neuerdings von einem Praktiker, dem Direktor der Berlin-Anhalter Maschinenbau-A.-G. Peiser in den Preußischen Jahrbüchern (September 1918 Bd. 173 Heft III) vertreten worden. Wir müssen dies betonen und schicken daher voraus, daß wir mit den Vorschlägen eines industriellen Zusammenschlusses in Genossenschaften nicht vereinzelt dastehen. Dadurch erhält aber dieses Programm einen stärkeren Rückhalt und es wirkt um so überzeugender, wenn wir in der Lage sind, nachzuweisen, daß sich für unsere Idee ein Praktiker der Maschinenindustrie in leitender Stellung eingesetzt hat. Es ist das Verdienst von Herbert Peiser, unter dem Titel „Neue Wege des industriellen Zusammenschlusses" für die Verwirklichung des Gedankens eines genossenschaftlichen Zusammenschlusses der Industriellen eingetreten zu sein. Zur wirksameren Unterstreichung der aussichtsvollen Möglichkeit, das genossenschaftliche Prinzip auch für die Industrie nutzbar zu machen, möchten wir an den Peiser'schen Ausführungen nicht vorübergehen, zumal wir Bedenken haben, ob die Peiser'sche Idee in die Kreise derer, die es angeht, nämlich der **Industriellen**, wirklich so gelangt ist, daß sie dort zwecks Befolgung festen Fuß gefaßt hätte. Wir wissen selbst aus eigener Erfahrung, wie leicht Vorschläge dieser Art versanden können, bis sie später einmal wieder auftauchen, und die Nachwelt sich verwundert die Augen reibt, wenn sie aus wirtschaftsgeschichtlichen Betrachtungen erfährt, daß die nunmehr ans Licht gezogenen Vorschläge schon geboren waren, aber nur geschlummert haben, bis es irgend einem Zufall gelang, sich ihrer zu erinnern und sie in die Tat umzusetzen. Und das gilt um so mehr

von Vorschlägen, die in den ereignisreichen September- und Oktoberwochen des weltgeschichtlichen Jahres 1918 veröffentlicht worden sind, wo ein bedeutsames Ereignis dem anderen folgte und das, was gestern noch neu und aktuell schien, am folgenden Tage schon durch die Flut der Ereignisse überspült und überholt war, um in den nächsten Tagen als völlig unangebracht und veraltet abgetan zu werden, das Schicksal hatte. Wir müssen auch gestehen, daß die gesamte genossenschaftliche Fachpresse, welche zuerst berufen gewesen wäre, derartige Vorschläge kritisch zu beleuchten, an ihnen stillschweigend vorübergegangen ist. Aber damit werden unsere Ausführungen über die Versandungsgefahr nur bestätigt. Vom Jahrbuch des Zentralverbandes deutscher Konsumvereine 1919 muß allerdings rühmend hervorgehoben werden, daß es der Peiser'schen Vorschläge in einem eingehenden Referate gedacht hat.

Allerdings ist der Gedanke des genossenschaftlichen Zusammenschlusses auf industriellem Gebiete nicht neu. Ich selbst habe ihn in meiner Schrift „Kriegsinvaliden-Gesellschaften“ vertreten, als es sich damals (im Jahre 1915) darum handelte, der bedeutsamen Frage der wirtschaftlichen Versorgung der Kriegsinvaliden auf gewerblichem und industriellem Gebiete unter Verwerfung der als unzulänglich erschienenen Arbeiterproduktivgenossenschaften durch Aufstellung eines neuen Genossenschaftsprogramms zur Verwirklichung zu verhelfen. Wir halten auch heute noch diese Idee, welche in der Presse eine der Politik der wirtschaftlichen Interessenvertretung entsprechende und daher geteilte Beurteilung erfahren hat, für verwirklichungsfähig, zumal in Baden schon erfolgreiche Versuche damit gemacht worden sind und nach Beruhigung der aufgeregten Zeiten, insbesondere auch nach Einschränkung der jetzt maßlosen, und auf unser ganzes Wirtschaftsleben schädlich wirkenden Erwerbslosenunterstützung ein geeigneter Boden zur Fruchtbarmachung der in dieser Schrift entwickelten Gedanken bereitet sein wird. Dort bezog sich die Nutzbarmachung des genossenschaftlichen Prinzips auf die wirtschaftliche Versorgung der A r b e i t n e h m e r in besonderen, den Verhältnissen der Kriegsinvaliden entsprechenden Produktionsvereinigungen, während hier der genossenschaftliche Zusammenschluß in den Dienst der i n d u s t r i e l l e n U n t e r n e h m e r selbst durch Bildung von Einkaufs- und später von Produktionsgemeinschaften gestellt werden soll, zumal insbesondere die verarbeitende Industrie bisher in Hinblick auf ihren Materialbezug gänzlich unorganisiert geblieben ist und die Entwickelung der völlig veränderten Wirtschaftsverhältnisse auf dem Gebiete der E x p o r t i n d u s t r i e zu einem genossenschaftlichen Zusammenschluß drängt.

Peiser geht wie wir und wie so viele andere Volkswirtschaftler, insbesondere auch wie der vom Verein deutscher Ingenieure in Verbindung mit dem Reichswirtschaftsministerium gegründete Ausschuß für wirtschaftliche Fertigung von dem Gesichtspunkte aus, der heute an die Spitze aller wirtschaftlichen Organisationspläne zu stellen ist, nämlich demjenigen einer Verbilligung der Produktionskosten. Der Zusammenschluß gleichartiger Gewerbe zu Verbänden und Kartellen, wie er bisher in der Industrie üblich war, vermag dem Probleme nicht gerecht zu werden, da die Kartellpolitik nur darauf ausgegangen ist, die gegenseitige Unterbietung auszuschalten, um auf diese Art den Prozentsatz des Gewinnes zu erhöhen, nicht aber daran gedacht hat, die Selbstkosten zu vermindern, um auf dem Weltmarkte konkurrenzfähig zu bleiben. Bisher hat immer eine Produktionsstufe ihre eigenen gesteigerten Selbstkosten auf die nächste Stufe abgewälzt, ungeachtet der Preissteigerung im Endprodukte. In gleicher Richtung wirken auch die Steuern, die, wie Kohlensteuer und Warenumsatzsteuer, sogar ausdrücklich abgewälzt werden sollen. Bei Wiederaufnahme des Exportes, auf den Deutschland angewiesen ist, ist es aber unter den völlig veränderten Wirtschaftsverhältnissen Deutschlands und der gesamten Welt nicht angängig, die Preisabwälzung und Preissteigerung bis ins Unendliche fortzusetzen.

Wir können uns dieser Kritik Peisers an der Wirksamkeit der industriellen Kartelle nur anschließen. Ihre Struktur entsprach der bisherigen Wirtschaftsperiode, welche der Vergangenheit nunmehr angehört. Sie verfolgte Bestrebungen, die in Ansprüchen ausmündeten, welche an die Abnehmer gestellt wurden, enthielt also infolge der Preiskartellierung Bedingungen, welche im Interesse der Ausschaltung gegenseitiger Unterbietung zu einer Verteuerung des Endproduktes führten. Gewiß wird auch das zukünftige Wirtschaftsleben der Kartellierung nicht entraten können, aber andererseits sind die industriellen Berufsverbände in ihrem bisherigen Ausbau und bei ihrem bisherigen Aufgabenkreis nicht in der Lage, den zukünftigen Exportschwierigkeiten begegnen zu können. Was für eine frühere Wirtschaftsepoche zweckmäßig war, kann für veränderte Verhältnisse nicht mehr taugen oder doch wenigstens nicht mehr ausschließlich geeignet erscheinen, Aufgaben zu lösen, welche zur Aufrechterhaltung der deutschen Exportfähigkeit in der Verbilligung der Produktion bestehen.

2. Solange die Entwertung der Inlandsvaluta besteht, fördert sie zwar die Ausfuhr und vermag der Exportindustrie Absatzmöglichkeit für ihre Produkte und Gewinn zu verschaffen, Chancen, die um so größer sein werden, wenn das Industrieerzeugnis vornehmlich aus inländischen Rohstoffen und Hilfsstoffen hergestellt ist und wenn die Preise hierfür sowie die Löhne und sonstigen Unkosten bei uns in nicht höherem Maße gestiegen sein sollten als im konkurrierenden Auslande. Je größer aber der Anteil ausländischer Roh- und Hilfsstoffe an der Herstellung des Fabrikates oder genauer gesprochen, der Anteil ihrer Einkaufskosten einschließlich der durch ausländische Wirtschaftsverhältnisse bestimmten Bezugsspesen an den gesamten Herstellungskosten ist und je mehr die Preise auch für solche Rohstoffe,

welche die betreffende Industrie aus dem Inlande bezieht, ferner die Löhne und sonstige Unkosten im Inlande stärker als im Auslande gestiegen sind, desto mehr erscheint die Wirkung der noch bestehenden Valutaverschlechterung auf unsere internationale Konkurrenzfähigkeit abgeschwächt. Vielfach wird auch jetzt noch aus vorhandenen Lägern oder aufgekauften Beständen verkauft, welche bald erschöpft sind, so daß Deutschland über kurz oder lang „ausverkauft" ist. Steigt aber wieder die Inlandsvaluta, so fällt damit eine die Ausfuhr fördernde Voraussetzung fort, weil dadurch den Ländern mit bisheriger vollwertiger Valuta der Anreiz besonders billiger Einkaufsmöglichkeit deutscher Waren genommen ist. Das Steigen der Inlandsvaluta bedeutet daher in der ersten Phase solcher zukünftigen Wirtschaftsperiode ein die deutsche Exportkraft abschwächendes Moment. Und von diesem abschwächenden Einflusse werden alle deutschen Exportartikel gleichermaßen erfaßt, sowohl die ausschließlich mit ausländischen, als auch diejenigen mit inländischen Roh- und Hilfsstoffen hergestellten Fabrikate. In dieser Phase aufsteigender Inlandsvaluta wird daher Deutschland über wenige oder gar keine konkurrenzfähige Exportartikel verfügen. Zwar verbilligen sich mit dem Ansteigen der Inlandsvaluta auch die Einkaufskosten vom Auslande bezogener Roh- oder Hilfsstoffe und damit die Herstellungskosten des Fabrikates. Die internationale Konkurrenzfähigkeit wird aber nur dann möglich sein, wenn Deutschland im Gegensatze zum Auslande *allgemein* seine Produktionskosten vermindern kann. Wir wollen hier das Problem des Arbeitslohnes dahingestellt sein lassen, weil die zukünftige Entwickelung der Lohnverhältnisse schwer zu übersehen ist oder nur mit geringer Bestimmtheit vorausgesagt werden kann. Es ist wohl nicht zuviel gesagt, wenn man behauptet, daß der gegenwärtig absolute hohe Stand des Arbeitslohnes in Deutschland noch auf lange Zeit hinaus hoch bleiben wird, da die solche Lohnhöhe beeinflussenden Ernährungs- und sonstigen Unterhaltskosten (Kleidung, Wohnung) auf lange Zeit hinaus hoch bleiben werden. Ich spreche hier nicht nur von den Kosten solcher Arbeit, welche ein Industrieller direkt für die von seinen *eigenen* Arbeitern geleisteten Verrichtungen aufzuwenden hat, sondern auch von der Höhe der indirekten Arbeitskosten, die der einzelne Fabrikant auch mittelbar in den Preisen zu entrichten hat, die er für die Anschaffung inländischer Materialien, Transportleistungen usw. zu zahlen hat. Indem Deutschland den Bedarf seiner Ernährung nicht allein aus einheimischer Produktion beschaffen kann, sondern für einen sehr erheblichen Anteil seiner Ernährungsmittel auf den Import aus dem Auslande angewiesen ist, erlangen die Arbeitslöhne vermöge des Zusammenhangs zwischen der Höhe des Arbeitslohnes und den Kosten der allgemeinen Lebenshaltung (ehernes Lohngesetz) einen gewissen internationalen Charakter. Es wird daher kaum möglich sein, einen wesentlich niedrigeren Stand der Kosten der inländischen

Arbeit gegenüber jenen der ausländischen auf die Dauer aufrecht-
zuerhalten, es sei denn, daß der deutsche Arbeiter seinen An-
sprüchen äußerste Beschränkung und Bescheidenheit auferlegen würde
oder seine Lebensgewohnheiten auf eine solche Lebenshaltung be-
schränken würde, welche ihn unabhängig von Importgütern stellen
würde. Aber ich glaube das erstere ebensowenig als das letztere mit
Rücksicht auf die Notwendigkeit der Einfuhr ausländischer Lebens-
(Weizen, Fette, Reis usw.) und Genußmittel (Tabak, Kakao) über-
haupt möglich ist. Infolge dieses Zusammenhanges der Inlands-
preise für eine große Gruppe lebensnotwendiger Importwaren
mit den Weltmarktpreisen ist es für die Exportindustrie ungemein
schwer, den Posten „Arbeitslohn" so niedrig zu stellen, daß
er für sie einen Faktor an Exportkraft, den sie vor den
übrigen Auslandskonkurrenten voraus hätte, bedeuten würde. Aber
noch ein weiterer Umstand könnte unsere Exportkraft schwächen
und auch dieser muß für die Zukunft in Rechnung gestellt werden.
Für solche Fabrikationsindustrieen, welche vornehmlich ausländische
Roh- und Hilfsstoffe verarbeiten, kann die Herstellung, abgesehen
von dem Valutastand, noch dadurch teurer als die Produktion des
Auslandes zu stehen kommen, wenn die ausländischen Rohstoffe dem
deutschen Bezieher zu höheren Preisen fakturiert werden sollten als
den ausländischen Konkurrenten. Das wird infolge Mangels jedes
eigenen Kolonialbesitzes sicher vielfach der Fall sein, da die Wirt-
schaftspolitik der uns feindlichen Rohstoffländer einen Weg be-
schreiten wird, um den so unbequemen Konkurrenten durch die ihr
passend erscheinenden Maßnahmen in Form der Fortsetzung eines
Handelskrieges nach dem Kriege zu schädigen und zu benachteiligen.
Hierzu kommt, daß die vor dem Kriege üblichen Einkaufsmethoden
und Beziehungen zu Geschäftsfreunden nicht mehr wie früher be-
stehen werden, so daß Deutschland auch für die Beschaffung der von
seiner Exportindustrie benötigten Rohstoffe gezwungen sein wird,
kostspieligere Aufwendungen zu machen als seine Konkurrenten.

So verringern sich allmählig die früheren Exportkraftfaktoren;
es schwinden die „Exportprämien" einer entwerteten Valuta,
niedrigerer Arbeitslöhne und sonstiger Unkosten, welche unsere In-
dustrie gegenwärtig gegenüber der ausländischen Fabrikation ge-
nießt. Bei Wegfall dieser Umstände oder auch schon eines von
ihnen wird die internationale Konkurrenzfähigkeit der inländischen
(deutschen) Industrieproduktion gegenüber der ausländischen all-
mählig, aber sicher, verloren gehen. Am schlimmsten aber wäre es
für die deutsche Exportindustrie — worauf Prof. Dr. Hellauer-
Berlin in seinem Aufsatze: Valuta und Außenhandel, Plutus 1918
Heft 45/46 aufmerksam macht —, wenn einmal infolge einer Ver-
besserung unserer Valutaverhältnisse die Unkosten der Inlands-
produktion jene der Auslandserzeugung um mehr Prozente über-
steigen würden, als das verbliebene Agio beträgt. „Das könnte be-
sonders dann leicht eintreten, wenn die Unkosten der inländischen

Produktion bei steter Verteuerung der Lebenshaltung sich allmählig mehr oder minder den Paritäten der Auslandskosten angeglichen hätten. In diesem Falle würde es bei einem plötzlichen Valutasturze nicht möglich sein, den Abbau der Löhne und der sonstigen Unkosten derart rasch vorzunehmen, daß man damit gleichsam dem Agiorückgange zuvorkäme und die erwähnten Verhältnisse in den Produktionskosten vermeiden könnte. Die Folge davon wäre der Eintritt einer Konkurrenzunfähigkeit unserer Produktion gegenüber der Auslandsproduktion. Voraussichtlich würde dann sogar das Verhältnis einer aus dem schlechten Valutastande hervorgegangenen erhöhten Exportkraft derart in das Gegenteil umschlagen, daß nun die ausländische die Inlandsindustrie am heimischen Markte zu unterbieten vermöchte."

3. Um diese Konkurrenzfähigkeit mit dem Auslande zu behalten, gibt es nur ein sicheres Mittel, nur einen gangbaren Weg: es ist dies die Verbilligung der Produktion der Fabrikate durch Verminderung ihrer Gestehungskosten vermöge des genossenschaftlichen Prinzips. Heute ist es noch Zeit, für den Fall des Aufhörens einer Wirkung der geschilderten Exportkräfte vorzusorgen. Das kann nur durch Bildung von industriellen Organisationen auf genossenschaftlicher Grundlage geschehen; denn nur der genossenschaftliche Zusammenschluß bestimmter Industrieen vermag eine Verbilligung in den Gestehungskosten herbeizuführen. Die Kostenverausgabung muß verringert werden. Das geschieht hinsichtlich der landwirtschaftlichen Produktion schon fast durchweg mittels der genossenschaftlichen Organisation (landwirtschaftliche Bezugs- und Kreditgenossenschaften, Betriebs- und Werkgenossenschaften, Einkaufsvereine, Raiffeisenvereine); es geschieht hinsichtlich der kleingewerblichen Produktion schon von altersher, seit Kriegsbeginn und insbesondere nach Kriegsende in ganz besonders steigendem Umfange (durch Bildung von gewerblichen Rohstoffgenossenschaften, Betriebs- und Werkgenossenschaften, Lieferungsgenossenschaften), es geschieht schließlich hinsichtlich der Verringerung der Kosten der Lebenshaltung durch den alle Erwartungen übertreffenden und zugleich erfolgreichen genossenschaftlichen Zusammenschluß der Konsumenten zu Konsumvereinen, es geschieht weiter — auch wiederum seit Kriegsende in steigendem Maße — durch die genossenschaftliche Wohnungsversorgung und Ansiedelung auf Grund von Baugenossenschaften und Siedelungsgesellschaften. Es wird geschehen für die einer genossenschaftlichen Organisation noch fern und fremd gebliebenen Industriellen; und es muß geschehen, weil nur durch eine im Wege des genossenschaftlichen Zusammenschlusses sich vollziehende Verbilligung der Gestehungskosten inländischer Fabrikation die deutsche Exportindustrie auf dem Weltmarkte konkurrenzfähig bleiben kann. Eigentümlich ist dabei, daß die Entwickelung der genossenschaftlichen Organisation en der Produzenten immer in solcher Not ihre Wurzeln und Entstehungsursachen hatten, die von einer ausländischen — sei es nun englischer oder überseeischer — Produktion ausging. Der Rückgang des deutschen Handwerks ist auf die englische Fabrikindustrie und die Verwendung maschineller Kräfte zurückzuführen, welche vermöge der Zunahme von Technik und Verkehr für den handwerksmäßigen Kleinbetrieb eine Konkurrenz schuf, der er nur vermöge des genossenschaftlichen Zusammenschlusses und der dadurch gebotenen Verbilligung seiner Gestehungskosten einigermaßen begegnen konnte. Und dem Landwirte schuf die überseeische Produktion fruchtbarer Getreideländer eine gefährliche Konkurrenz, die ihn zwang — anfänglich spärlich, dann aber, sobald die wuchtige Bedeutung des genossenschaftlichen Organisationsgedankens von der schwerfälligen Bauernseele erfaßt war, in immer größerer Zahl und einer vielseitigen, staunenerregenden Mannigfaltigkeit das genossenschaftliche Prinzip seiner Produktion zugrunde zu legen.

Und ist es nicht schließlich wiederum die ausländische Konkurrenz, welche auch die Industrie zur Nutzbarmachung des Genossenschaftsgedankens zwingen wird?

4. Ist aber eine Verbilligung der Gestehungskosten inländischer Industrieerzeugnisse vermöge der genossenschaftlichen Organisation möglich, so wird außer der Erhaltung und Stärkung der deutschen Exportkraft noch der weitere Vorteil erreicht, daß sich auch die Preisstellung der für das Inland bestimmten Industrieerzeugnisse ermäßigt. Damit wird der Konsum des Inlandes an Waren nicht nur gehoben, sondern auch den inländischen Konsumenten die Anschaffung erleichtert und verbilligt. Handelt es sich um existenzwichtige Industrieerzeugnisse (Textilbranche), so werden dadurch die Kosten der Lebenshaltung der Industriearbeiter herabgesetzt. Vermöge des Zusammenhangs zwischen den Kosten der Lebenshaltung und der Lohnhöhe sinkt aber dadurch auch das Existenzminimum und damit die ganze Skala der auf dem Existenzminimum aufgebauten Lohnsätze. Indirekt wird durch den genossenschaftlichen Zusammenschluß innerhalb der Gestehungskosten eines Fabrikates sogar der Kostenbestandteil: Vergütung menschlicher Arbeit in absteigender Richtung beeinflußt, wodurch wiederum im Endergebnisse entweder der Unternehmergewinn gesteigert oder die Preishaltung der Exportartikel verbilligt werden kann. Dadurch wird aber wiederum die Exportkraft Deutschlands gestärkt und zugleich in absteigender Richtung eine Preissenkung für die dem inländischen Konsum dienenden Industrieerzeugnisse bewirkt, wodurch wiederum die Lebenshaltung der Arbeiter verbilligt, ihre Lohnsätze herabgesetzt werden können usw. Dasselbe Bild, das wir im Kriege und nach Kriegsende bei der Preissteigerung von der Schraube ohne Ende hatten, indem die Verteuerung eines Produktes mit selbstverständlicher automatischer Wirkung die Verteuerung aller übrigen Erzeugnisse zur Folge hatte und der auch nicht die strengste Wuchergesetzgebung Einhalt bieten konnte, spielt sich dann in entgegen-

gesetzter Richtung ab: Die Schraube wickelt sich rückwärts ab, die Preissenkung eines Produktes zieht die Senkung der anderen von ihr abhängigen Preisgestaltungen nach sich.

5. Will die deutsche Exportindustrie auf dem Weltmarkte konkurrenzfähig bleiben, so muß sie neben besserer Güte und Qualität der Erzeugnisse eine Preishaltung üben, welche Nachfrage und Absatz auf den ausländischen Märkten gewährleistet. Indem die deutsche Fabrikation irgendeinen Einfluß auf Verbilligung ausländischer Rohstoffe nicht ausüben kann, so muß sie ihr Augenmerk darauf richten, die Bestandteile der inländischen Gestehungskosten tunlichst niedrig zu halten. In dieser Beziehung ist die Industrie in der Lage, am wenigsten an dem Kostenbestandteile: Arbeitsvergütung einen Einfluß auszuüben; nicht allein deshalb, weil die Arbeiter in straffer Organisation eine wirksame Lohnpolitik durchführen können, sondern auch deshalb, weil die Exportfähigkeit Deutschlands letzten Endes auf Qualitätsarbeit beruht und in dem hochwertigen Produkt mehr Arbeitszeit steckt als in dem geringfügigen Massenartikel, dann aber auch, weil der Qualitätsarbeiter schwer ersetzbar ist und daher auch besser bezahlt werden muß. Um so mehr muß fortgesetzt das Bestreben darauf gerichtet sein, diejenigen Kostenbestandteile auf der niedrigsten Stufe zu halten, bei welchen die inländische Fabrikation einen Einfluß auszuüben vermag. Je größer der Prozentsatz ist, der innerhalb der Gestehungskosten eines Fabrikates auf die Verwendung solcher Rohstoffe, Hilfsstoffe und Materialien, die genossenschaftlich beschafft werden können, entfällt, um so billiger stellt sich die Fabrikation im Verhältnis zu den bisherigen Gestehungskosten, um so vorteilhafter stellt sich die Möglichkeit zukünftiger ausländischer Konkurrenzfähigkeit inländischer Fabrikate. Die genossenschaftliche Organisation bedeutet für die Industrie eine neue zusätzliche Exportkraft, eine Exportprämie, die den weiteren Vorteil besitzt, daß sie nicht wie die übrigen Exportprämien, wie z. B. der niedrige Valutakurs einen ungewissen, unsteten Faktor in die Aufmachung der Preiskalkulation der Industrieproduktion trägt, sondern sich durch ihre dauernde Beständigkeit wohltuend äußert. Natürlich wird auch diese Maßnahme zur Erhöhung deutscher Exportkraft von der internationalen Konkurrenz nicht unbeachtet bleiben. Jeder Druck erzeugt Gegendruck. Aber die Gefahren ausländischer Genossenschaftsbildungen auf industriellem Gebiete sind gerade bei unserem größten Konkurrenten, Nordamerika, nicht groß oder jedenfalls nicht in naher Zukunft zu befürchten, da die Nordamerikaner nicht über die gleiche Organisationsgabe, oder wo solche doch vorhanden, nicht über die gleiche Organisationsfähigkeit, wie die Deutschen verfügen, für welche gerade der Deutsche dank den Wohltaten der Disziplinierung, die er in den Zeiten vor dem Kriege systematisch in Schule, Beruf und Heeresdienst erfahren hatte, besonders geeignet ist. Nur ein Volk

hat bereits den Zauber genossenschaftlicher Organisation begriffen — es sind die Japaner, deren Genossenschaftswesen in dem letzten Jahrzehnte, seitdem der große japanische Genossenschaftsorganisator Vicomte Hirata in die japanische Regierung berufen worden war, eine geradezu bewundernswerte Entwickelung genommen hat und zur Blüte gelangt ist. Auf industriellem Gebiete sind es insbesondere die Genossenschaften in der Seidenindustrie, welche unter dem Drucke maschineller Konkurrenz im Regierungsbezirk Gumma von Handspinnern ins Leben gerufen wurden und eine solche Ausdehnung erlangten, daß heute fast die ganze Rohseidenindustrie des Landes, soweit sie auf Kleinbetrieb beruht — und das ist in Japan vorwiegend der Fall —, genossenschaftlich organisiert ist. Sollte das, was die Japaner auf genossenschaftlich-industriellem Gebiete leisten, in Deutschland, dem Geburtslande der genossenschaftlichen Idee, nicht auch möglich sein? Die Japaner haben den genossenschaftlichen Gedanken aufgegriffen und nicht nur auf landwirtschaftlichem Gebiete, sondern auch, wie erwähnt, auf industriellem Gebiete zum Segen ihres Landes durchgeführt. Ihre noch junge Industrie hat viel rascher als die weiter entwickelte deutsche, welche ihre Lehrmeisterin war, die Vorteile der genossenschaftlichen Organisation begriffen und durch sie die ihrer Industrie entgegentretenden Hemmungen und Schwierigkeiten zu überwinden verstanden. Die deutsche Industrie würde weit hinter den Leistungen ihrer gelehrigen Schülerin zurückbleiben, wenn sie ihr nicht auf dem Gebiete der genossenschaftlichen Organisation folgen würde.

6. Die Organisationsfähigkeit der industriellen Unternehmungen für die Zwecke einer Beschaffungsgenossenschaft ist im allgemeinen viel günstiger gestaltet als ihre Kartellierungsfähigkeit. Die Kartellfähigkeit ist von bestimmten Voraussetzungen abhängig; die Kartellierung erfordert ein Mindestmaß unternehmungsweiser und betrieblicher Einrichtungen. Sie erscheint um so leichter, je größer die Betriebe sind, um so sicherer, je geringer die Zahl der Teilnehmer des Kartellzusammenschlusses ist. Umgekehrt erscheint ein genossenschaftlicher Zusammenschluß um so wirtschaftlicher für das einzelne Unternehmen, je weniger bei ihm die Voraussetzungen des Großbetriebes vorliegen und die Beschaffungsgenossenschaft wird um so rentabler, je mehr Teilnehmer sich ihr anschließen. Während die Kartellierungsfähigkeit weiter von der Art der Fabrikate abhängt, indem die zu kartellierenden Produkte hinsichtlich ihrer Eigenschaften ganz bestimmten Anforderungen entsprechen müssen, ist die Art der Fabrikate für die genossenschaftliche Organisationsfähigkeit der Industrieen regelmäßig gleichgültig; es entscheidet für die Fähigkeit, eine Beschaffungsgenossenschaft zu bilden, nicht das Erzeugnis, sondern das Produktionsmittel und der Produktionsstoff. Indem diese aber als Rohstoffe oder Hilfsmaterialien im wesentlichen einen viel gleichbleibenderen Charakter als die differenzierten Fabrikate besitzen, untereinander vertretbar

und nach bestimmten Normen und Sätzen (Usancen, Börsennotierungen, Durchschnittsmustern) gehandelt werden, ist der Bedarf ein einheitlicher und darum im Wege des genossenschaftlichen Großbezuges zusammenfaßbar. Wunderlich erscheint es deshalb, daß bisher der Weg des gemeinschaftlichen genossenschaftlichen Einkaufs noch nicht beschritten ist — trotz des verhältnismäßig gleichartigen Industriebedarfes, trotz der ungeheueren Vorteile, welche der genossenschaftliche Einkauf gegenüber der bisherigen Zersplitterung isolierten Bezuges zu bieten vermag. Und merkwürdig ist es weiterhin, daß die industrielle Organisation gewissermaßen von hinten, nämlich auf dem Gebiete des Absatzes und gegenüber den Abnehmern in Kartellen sich zu organisieren begonnen hat, anstatt den natürlicheren und weit einfacheren Weg zu beschreiten, nämlich von vorn anzufangen und sich auf dem Gebiete des Bezuges ihrer Materialien gegenüber den Anbietern zu organisieren. Ist aber einmal der Weg gezeichnet und der Versuch gemacht, so wird auch auf dem industriellen Gebiete die Genossenschaft sich als eine ungeheure Wirtschaftsmacht darstellen, eine Macht, deren sich die Industriellen bisher überhaupt noch nicht bewußt geworden sind. Es ist wohl nicht zu viel behauptet, wenn wir voraussagen, daß gewisse Industriekreise einen viel intensiveren Nutzen aus dieser neuen Organisationsform zu ziehen vermögen, als ihn die Kartelle bieten und wir können schon heute erkennen, daß durch die Vergenossenschaftlichung gewisser Industriegruppen die Kräfteverhältnisse innerhalb unserer Volkswirtschaft, welche bisher oft eine bedrohliche und bedenkliche Spannung besaßen, eine wohltuende Verschiebung im Sinne eines gerechteren Ausgleiches erfahren werden.

Durch die genossenschaftliche Organisation wird den Beschaffungsbedürfnissen der Industrie die weitgehendste Differenzierung zuteil. Wie die Branchevereine seinerzeit nicht nur den notwendigen Anknüpfungspunkt und den äußeren Rahmen boten, in dem die Kristallisation der wirtschaftlichen Interessen bis zur Kartellierung fortschreiten konnte, so werden jetzt teils Kartelle, teils Branchevereine die Förderung des genossenschaftlichen Gedankens in ihr Programm aufnehmen. Vielleicht werden die verschiedenen industriellen Branchevereine eher die Träger der zukünftigen industriellen Genossenschaftsbildung werden als die Kartelle. Gerade die industrielle Differenzierung bei der Organisation der spezifischen Industrievereine ermöglicht vermöge dieses Fundamentes den genossenschaftlichen Aufbau. Die auf die Differenzierung der industriellen Produktion beruhende Zersplitterung des Einkaufes und der Beschaffung von Rohstoffen, Materialien wird durch den genossenschaftlichen Zusammenschluß der spezifischen Industrieen zu Einkaufsverbänden oder Produktionsgemeinschaften zwecks Beschaffung von Fabrikationshilfsstoffen wieder wettgemacht. Der durch individualistische Arbeitsgliederung in selbständigen Einzelunternehmungen notwendig eintretende Kraftverlust wird durch die genossenschaftliche Zusammenfassung der Bedarfsposten wieder ausgeglichen und jeder Fabrikation durch die genossenschaftliche Angliederung an eine Beschaffungszentrale die Vorteile der zentralisierten Bedarfsbefriedigung im größtmöglichsten Umfange verschafft.

Die ausgesprochen einseitige Beschränkung der Kartellorganisation auf die kapitalistische Großindustrie, der die breiten Schichten der arg dezentralisierten, im großen Umfange kleinkapitalistischen Fabrikindustrieen gegenüberstehen, muß meines Erachtens Gegenbestrebungen entfachen, welche den organisatorischen Zusammenschluß jener Gruppe zum Ziele haben. Die Fehlerquelle bisheriger industrieller Wirtschaftspolitik ist m. E. in dem einseitigen Übergewichte der großkapitalistischen Organisationen zu suchen und kann nur durch organisatorische Stärkung der schwächeren Industriekreise auf genossenschaftlichem Wege beseitigt oder wenigstens eingeschränkt werden. Wie oft würden selbst größere Syndikate freiwillig oder auch unfreiwillig ihre Bedingungen einschränken, sobald ihnen eine geschlossene Organisation gegenüberstünde! Ist die im Produktionsprozesse vor- oder nachgeordnete Kundschaft selbst wieder organisiert, so ist eine stetige, von größeren Schwankungen freie Exportpolitik durchführbar. Darüber hinaus würde aber auch erreicht werden, daß die Kleinindustrie durch die ihr heute abgehende Organisation ein wesentlich größeres Verständnis für ihre eigenen wie auch für die großindustriellen Existenzbedingungen gewinnen würde als heute, wo ihre organisatorische Schulung fast durchweg völlig unzureichend ist. Die Kartellbewegung hat auch ihre guten Früchte getragen. Die Nachteile der bisherigen Kartellentwickelung sind meistens nur darin zu finden, daß eine Ungleichmäßigkeit in der industriellen Organisation bestand, daß auf der einen Seite gutentwickelte Kartelle bestanden, während ihnen noch immer breite Kreise der Industrie gegenüberstanden, welche die volle Schwere der gegenüberstehenden Organisationsmacht nur deshalb fühlten, weil sie selbst noch unorganisiert blieben.

7. Ob die beteiligten Industriekreise sich leicht zu Genossenschaften zusammenfinden werden oder wird nicht auch hier Mangel an Solidaritätsgefühl, falscher Egoismus und Konkurrenz im eigenen Lager, mangelndes Verständnis über die Größe des genossenschaftlichen Gedankens ebenso hemmend wirken, wie es bei der Entwickelung des Handwerkergenossenschaftswesens zu beobachten war, Hemmungen, die erst durch den Krieg und seine Folgeerscheinungen als überwunden gelten können? Allerdings sprechen verschiedene Momente für die leichtere Organisationsmöglichkeit der Industriellen zu Genossenschaften: es sind das die unvergleichlich höhere Bildung und das größere Verständnis für den Zusammenhang wirtschaftlicher Beziehungen, die geringere Schwerfälligkeit, die Erfahrungen, welche die bisherige Entwickelung des gewerblichen Genossenschaftswesens bereits hinter sich hat, und welche die zukünftige industrielle Genossenschaftsentwickelung nur zu eigener

Nutzanwendung sich zu eigen zu machen braucht, ohne selbst das Lehrgeld der Anfänger entrichten zu müssen. Viel, wenn nicht alles, wird aber von einer geeigneten Persönlichkeit als Führer der genossenschaftlichen Organisation abhängen. Die Industriellen brauchen auf diesem Gebiete einen Schultze-Delitsch, oder einen Raiffeisen, oder auch einen Haas, Crüger, Heinrich Kaufmann, Korthaus, der ihnen die Fackel der industriellen Genossenschaftsorganisation führend voranträgt.

Der Boden für den genossenschaftlichen Zusammenschluß ist durch das Bestehen der Unternehmerverbände bereits glücklich vorbereitet. Die verbandsmäßig geschlossene Struktur des genossenschaftlich zu organisierenden Interessenkreises ist einerseits bereits in diesen Unternehmerverbänden vorhanden und stark genug, die Idee wirksam zu unterstützen, andererseits planmäßig bereits so gegliedert, daß die Schwierigkeiten für den erwerbswirtschaftlichen Zusammenschluß zu industriellen Genossenschaften praktisch nicht mehr erheblich sind. Sobald die technische Anwendungsmöglichkeit der Genossenschaftsform hinsichtlich der Voraussetzungen einer wirtschaftlichen Rentabilität für den einzelnen Industriezweig, womöglich unter Hinzuziehung eines genossenschaftlichen Sachkenners geprüft und festgestellt ist, wird Statut und Organisation beraten und beides zur Beschlußfassung einer Gründungsversammlung der beteiligten Interessenten vorgelegt. Da die betreffenden Industriezweige bereits in den vorhandenen Unternehmerverbänden organisiert sind, werden meistenteils die verbandsmäßigen Einrichtungen (Geschäftsstelle, Geschäftsführer usw.) für die Organisation der Industriegenossenschaft benutzt werden können. —

Die industriellen Genossenschaften werden hinsichtlich der erwerbswirtschaftlichen Interessen der ihnen angeschlossenen Industriellen die naturgemäße Ergänzung in dem bisherigen Rahmen der industriellen Organisation bilden. Wie die freien Unternehmerverbände als Berufsverbände wirtschaftspolitischer Art eine vorteilhafte Ergänzung der durch die Handels- und Gewerbekammern repräsentierten offiziellen Interessenvertretung bilden, werden nunmehr die industriellen Genossenschaften auf dem Gebiete der wirtschaftlichen Leistungsfähigkeit und Stoßkraft durch Produktionsverbilligung eine bedeutsame Rolle zu spielen berufen sein.

8. Nicht für alle Gebiete und Branchen wird die industrielle Genossenschaftsorganisation die gleiche Bedeutung haben. In einzelnen Industriezweigen wird die genossenschaftliche Organisationsbedürftigkeit geringer sein als in anderen, und wiederum werden wir Industriezweige antreffen, in denen es ebenso sehr an einer Organisationsbedürftigkeit wie an einer Organisationsfähigkeit fehlt. Für den ganzen Aus- und Aufbau der industriellen Genossenschaftsorganisation ist der Umfang und das Maß von Bedeutung, den das zu verarbeitende Material (Rohstoffe, Halbfabrikate) sowie sonstige Bedarfsartikel (Werkzeuge,

Unkostenmaterialien) im Verhältnis zu den übrigen Gestehungskosten, insbesondere Arbeiterlöhnen, einnehmen.

Am geringsten wird die geschilderte Organisationsbedürftigkeit bei denjenigen Industriezweigen anzutreffen sein, in denen der kapitalistische Großbetrieb bereits vorherrscht, also namentlich in der Montan- und Eisenindustrie. Denn überall da, wo ausgesprochener Großbetrieb besteht, ist bereits eine genügend starke Stoßkraft im Kapitalbesitz oder in dem Massenbedarf vorhanden, so daß es nicht erst der Zusammenfassung selbständiger Einzelkräfte bedarf, um die Gesamtwirkung auszulösen, welche der genossenschaftlichen Organisation die ihr eigene Bedeutung verleiht. Je mehr sich aber der industrielle Prozeß verfeinert und von seinen Wurzeln, dem Bergbau und der Roheisengewinnung entfernt, je mehr wir uns der dezentralisierten Fertigfabrikatindustrie nähern, um so eher wird eine Organisationsbedürftigkeit vorhanden sein und um so vollkommener wird die genossenschaftliche Kraft sich auswirken können. Dies gilt namentlich für die meisten Massengüterindustrieen, welche am stärksten unter der Weltmarktkonkurrenz zu leiden haben werden, da einmal ihre Erzeugnisse nicht Gegenstand hochwertiger Qualitätsarbeit sind, mit welcher Deutschland vermöge der Intelligenz seiner Arbeiterbevölkerung noch am ehesten weltwirtschaftlich konkurrieren kann und weil gerade bei ihnen der Arbeitslohn im Verhältnisse zu den übrigen Gestehungskosten nicht herabgesetzt werden kann, da er als Sold für persönliche, unqualifizierte Arbeitsleistung über das Lohnminimum als Existenzminimum nicht hinausgehen wird. Andererseits nehmen aber auch in der Massengüterindustrie die zu verarbeitenden Rohstoffe, Halbfabrikate und sonstige Bedarfsartikel einen sehr breiten Raum ein, so daß eine Verminderung der Gestehungskosten der Fabrikate im Wege des gemeinschaftlichen Einkaufs eine besonders bedeutsame Rolle spielen wird. Und das Gleiche gilt von der sehr großen Anzahl kleinkapitalistischer Unternehmer, den Klein- und Mittelfabrikanten, weil bei diesen vermöge der geringeren Quantitäten des in ihren Betrieben zu verarbeitenden Materiales der jeweilige Einzelbedarf gering ist, ein wirklicher Großbezug, wie er bei ausgesprochenen Großbetrieben üblich ist, somit nicht in Frage kommen kann. Diese Klein- und Mittelbetriebe haben daher auch mit einer größeren Belastung hinsichtlich der Einkaufspreise ihrer Bedarfsartikel zu rechnen als ihre großbetrieblichen Konkurrenten.

Die Begünstigung der mittleren und kleineren Industrie durch die genossenschaftliche Organisation ist auch insofern erfreulich, als gerade diese Betriebsweise eine besondere Entlastung verdient und die Wege zu wirtschaftlichem Aufstiege mittlerer und kleinerer Gewerbetreibender ebnet. Solche Aufstiegsmöglichkeit eröffnet weittragende Hoffnungen, stärkt das Selbstbewußtsein und das individuelle Streben befähigter Intelligenzen in den Arbeiterkreisen selbst, mildert die Gegensätze zwischen Großbetrieb und

Kleinbetrieb und trägt dadurch zur dauernden Gesundung der Wirtschaftslage bei. —

Der genossenschaftliche Zusammenschluß auf industriellem Gebiete wird sich gegebenermaßen nach Branchen spezialisieren. Entsprechend z. B. der Differenzierung der Maschinenindustrie werden sich innerhalb bestimmter Gruppen weitere Untergruppen bilden, z. B. innerhalb der Werkzeugmaschinenindustrie industrielle Genossenschaften für Betriebe, in denen Werkzeugmaschinen einer bestimmten Gattung fabriziert werden. Anders ausgedrückt: Der genossenschaftliche Zusammenschluß wird sich vermöge der Differenzierung und Typisierung des Produktionsmaterials nicht horizontal, sondern vertikal vollziehen. Dabei liegt es im Schoße der Entwickelung, ob dem vertikalen Ausbau der industriellen Genossenschaften nach Spezialbranchen auch ein solcher in horizontaler Richtung durch Begründung einer den ganzen Bedarf dieser nach Spezialbranchen gegliederten Genossenschaften besorgenden Zentralgenossenschaft erfolgt. Wie im Handwerkergenossenschaftswesen die meistens lokal oder provinziell gegliederten Rohstoffgenossenschaften einer bestimmten Branche sich zu einer das ganze Land umspannenden Zentralbezugsgenossenschaft zusammenschließen, um den aus der Geschlossenheit sich ergebenden Großbedarf vorteilhafter als die einzelnen Genossenschaften decken zu können, so wird sich schließlich die Zentralisierung auf dem Gebiete der industriellen Genossenschaften in horizontaler Richtung zweckmäßigerweise vollziehen.

9. Die industriellen Einkaufsgenossenschaften werden sich viel besser den besonderen Existenzbedingungen der einzelnen Industrieen anzupassen vermögen als dies bei den Kartellen möglich war. Die Gestaltungsfähigkeit der industriellen Praxis ist sehr vielseitig. Daß sich die Organisation bisher als Einkaufskartelle gegenüber den im Produktionsprozeß vorgeordneten Verkäufern von Produktionsmitteln, insbesondere von Roh- und Hilfsstoffen, überhaupt nicht betätigt hat, diese Feststellung würde unzutreffend sein. Es sind bisher nur die reinen Abnehmer-Einkaufskartelle in der Industrie unbekannt. Wo wir auf ähnliche Organisationen stoßen, handelt es sich in der Regel um Einkaufsabteilungen der hochentwickeltesten Kartellformen, der Syndikate, welche neben ihrer eigentlichen Funktion des Verkaufs auch den Einkauf zentralisiert haben.

Und dabei brauchen die zu genossenschaftlichen Organisationen sich vereinigenden Industriellen viel weniger als bei der Kartellbildung auf die wesentlichen Attribute ihrer individuellen industriellen Selbstherrlichkeit zu verzichten und sich viel weniger als es im Kartell geschieht einem gemeinsamen Durchschnittswollen unterzuordnen. Gewiß, auch bei der industriell-kommerziellen Genossenschaft, wie wir sie im Sinne haben, besteht wie bei anderen Genossenschaftsarten eine Interessengemeinschaft echt genossenschaftlich-demokratischer Art, d. h. einer solchen, bei der weder das Interesse des größten noch des kleinsten Mitgliedes entscheidet, sondern eine allen Interessen nach Möglichkeit gerechtwerdende, mittlere Linie einzuhalten bestrebt wird. Und doch ist diese genossenschaftliche Interessengemeinschaft viel milderer Art, als die des eigentlichen Kartelles, bei welchem der Unternehmerselbständigkeit feste Zügel angelegt werden, um an Stelle eines einstmals völlig freien, aber durch eben diese schrankenlose Freiheit möglich gewordenen Wettbewerbes von fast vernichtender Art zum Nachteil ihrer eigenen Brancheangehörigen nunmehr eine neue Interessengemeinschaft zu setzen, welche die bisherigen Konkurrenten zu gemeinsamen Zielen vereinigt.

Im Gegensatze zum Kartelle, welches regelmäßig als wirtschaftliche Schutzwehr auf dem Gebiete des Absatzes der Industrieerzeugnisse anzusprechen ist, entwickelt die industrielle Beschaffungsgenossenschaft eine kaufmännische Tätigkeit auf dem Gebiete des Einkaufes industrieller Bedarfsartikel, pflegt also nicht die Seite des Absatzes, sondern greift in die Produktionsverhältnisse selbst ein, indem sie durch die zentralisierte Beschaffung zu einer Verbilligung der Gestehungskosten führt. Dabei ist die industrielle Beschaffungsgenossenschaft zwar der Idee und dem verfolgten Zwecke nach eine Weiterbildung großbetrieblicher Entwickelung, aber nicht kapitalistischer, wie die Fusions- oder Trustbildungen, sondern genossenschaftlicher Art. Ein vollständiges nach Unternehmungsform oder Betriebsweise sich vollziehendes Aufgehen in einer übergeordneten neuen Unternehmung, wie es bei den Fusionen oder dem Trust der Fall ist, findet bei der industriellen Beschaffungsgenossenschaft nicht statt. Ein sog. Kartellzwang, wie er häufig bei der Kartellorganisation Außenseitern gegenüber geübt wird, greift ebenfalls nicht Platz, da es sich um eine freiwillige Organisationsform handelt, deren Mitglieder im Wege der Selbsthilfe durch Übereinkommen sich der Organisation der vereinten Kräfte bedienen, um unter deren stärkendem Schutze sich die Vorteile des Großbezuges und Großbetriebes zu sichern. Dabei wird — obwohl Angehörige desselben Fabrikationszweiges sich verbinden, der Stachel der im übrigen bestehenden Konkurrenz untereinander durch eine weitgehende Interessenharmonie genommen, weil die Vorteile, welche die Interessengemeinschaft dem einzelnen Mitgliede bietet, einem jeden im Umfange seines Fabrikationsbedarfes, also relativ gleichmäßig, zukommen, und er nicht gehindert wird bei Verstärkung und Hebung seiner Fabrikation die Bedarfsgenossenschaft so in Anspruch zu nehmen, wie es der Umfang seiner Produktion erfordert. Die Konkurrenz wird nicht aufgehoben oder ausgeschaltet, wie es bei Monopolen geschieht, sondern gerade in gerechter, gleichmäßiger Weise ermöglicht.

10. Eigenartig ist dabei die Art und Weise, wie Peiser sich die praktische Verwirklichung seines Vorschlages für den Aufbau einer

solchen industriellen Einkaufsgenossenschaft denkt. Er entnimmt ihn aus dem Gebiete seines Faches und wählt als Beispiel die Beschaffungsgenossenschaft für Fabriken der Metall- und Maschinen-Industrie. Hören wir ihn selbst:

„Angenommen, einige führende Firmen der Metallindustrie Groß-Berlins oder eines anderen industriellen Zentrums schließen sich zu einer G. m. b. H. zusammen und erwerben zunächst eine Eisen- und Werkzeug-Großhandlung, die in gleicher Weise wie bisher völlig selbständig weitergeführt wird. Es ist gleichgültig, ob die sich zusammenschließenden Firmen gleichartige Erzeugnisse herstellen oder nicht; Schwierigkeiten in Hinsicht auf gegenseitige Konkurrenz bestehen daher nicht. Die Gesellschafter nehmen in Aussicht, ihren eigenen Bedarf, soweit wie irgend angängig, dieser Firma zu überschreiben, jedoch wird ein Zwang in keiner Weise ausgeübt. Der Anreiz, bei der G. m. b. H. zu kaufen, soll darin liegen, daß, wie bei Konsumgenossenschaften, der verteilbare Gewinn der G. m. b. H. am Jahresschlusse nach dem Prozentsatz der Einkäufe, also nicht nach dem Prozentsatze des investierten Kapitales, verteilt wird. Die Gesellschafter verbilligen sich also ihren Einkauf nicht nur um den Händlernutzen, soweit sie bisher vom Händler kauften, sondern um denjenigen Gewinn, den die Händlerfirma durch ihren Verkauf an Dritte erzielt.

Erweist sich die G. m. b. H. auf dieser neuen Grundlage als lebensfähig, so wird darangegangen, eine Händlerfirma auf anderem Gebiete, beispielsweise als Chemikalien-Großhandlung, aufzukaufen und deren Geschäfte dann auf gleicher Grundlage in Angliederung an die G. m. b. H. weiterzuführen. . . . In gleicher Weise wäre dann ein Gebiet nach dem anderen, das vorläufig dem Handel überlassen ist, zu erschließen. Aber auch auf den Gebieten, wo die Industrie bisher direkt vom Erzeuger zu kaufen gewohnt ist, kann die G. m. b. H. tätig sein. In diesem Falle tritt sie den Erzeugern als Einkaufsagent gegenüber mit dem sich aus der Geschlossenheit ergebenden überragenden Bedarf und vermittelt gegen eine kleine Einkaufsprovision die Einkäufe zu besonders günstigen Preisen."

Bis hierhin sind wir bereit, seinem Vorschlage zu folgen; denn es ist für die Zwecke der genossenschaftlichen Organisation völlig gleichgültig, welcher rechtlichen Gesellschaftsform, ob derjenigen einer Aktiengesellschaft oder Gesellschaft mit beschränkter Haftung oder einer Erwerbs- und Wirtschaftsgenossenschaft sich die neue industrielle Unternehmung bedient; denn nicht die rechtliche Form entscheidet über das kapitalistische oder genossenschaftliche Wesen einer Wirtschaftsform, sondern der wirtschaftliche Ausbau ihrer Struktur zwischen den Gemeinschaftsgliedern. Wird z. B. der Gewinn nicht nach der Höhe der investierten Kapitalien, sondern nach dem Prozentsatze der Einkäufe, also nach Maßgabe der Inanspruchnahme des Betriebes verteilt oder wird die Abstimmung nicht nach

Kapitalbeteiligungen, sondern gleichmäßig nach Köpfen gehandhabt, so liegt trotz der Rechtsform von Aktiengesellschaft oder Gesellschaft mit beschränkter Haftung eine ihrem Wesen nach genossenschaftliche Unternehmung vor, weil nicht die Grundsätze der Kapitalwirtschaft, sondern der Genossenschaftswirtschaft zur Anwendung gelangen. Die von Peiser vorgeschlagene G. m. b. H. ist daher eine industrielle Genossenschaft und wir folgen ihm gern in seinem Vorschlage, zur Überwindung der erstmalig auftretenden Schwierigkeiten und bei der Ungewöhnlichkeit des Versuches, den Zusammenschluß im bescheidenen Rahmen zu beginnen, um nach erbrachtem Nachweis des Gelingens die Organisation auf eine so breite Grundlage zu stellen, die dem Zusammenschluß erst ihre wirtschaftliche Bedeutung geben würde.

Nunmehr fährt Peiser fort: „Im Anschluß hieran (d. h. an die Gründung der G. m. b. H.) wird nun der wichtigste Schritt getan. Es wird Industriefirmen anheimgestellt, als Genossenschafter der G. m. b. H. beizutreten. Jeder Genossenschafter nimmt im Verhältnis seines Umsatzes an den Erträgnissen der G. m. b. H. teil." Und bei der Kapitalbeschaffung führt Peiser aus: „Die Kapitalien müßten entweder auf genossenschaftlichem Wege aufgebracht werden, wobei der Anreiz neben einer festen gesicherten Verzinsung eben in den Rückvergütungen liegen würde; denkbar wäre es aber auch, die genossenschaftliche Seite auf den Gewinnanteil zu beschränken, im übrigen aber die unabsehbare wirtschaftliche Macht, die in diesem Verbande liegen würde, in den Händen der Gründer zu behalten und nicht ohne weiteres der Genossenschaft auszuliefern." Bei diesen Ausführungen wird Peiser der juristischen Sachlage nicht gerecht und er läßt inkonsequenterweise kapitalistische und genossenschaftliche Gesichtspunkte zusammenfallen. Rechtlich unmöglich ist es, zwei Gruppen von Mitgliedern zu bilden, wobei die eine Gruppe das kapitalistische Gründerkonsortium darstellt und die andere die genossenschaftliche Gemeinschaft verkörpert. Wollte man einen derartigen Gedanken durchführen, so würde die dafür gegebene Organisationsform nicht die Gesellschaft mit beschränkter Haftung, sondern die Kommanditgesellschaft sein und zwar in der Weise, daß das Gründerkonsortium eine G. m. b. H. gründet und in eine Kommanditgesellschaft aufgeht, wobei die G. m. b. H. die Rolle des persönlich haftenden Gesellschafters übernimmt, während alle anderen neu beitretenden Gesellschafter als Kommanditisten sich beteiligen. Aber dieser Schwierigkeiten bedarf es gar nicht! Will die Industrie sich genossenschaftlich zusammenschließen, so ist die gegebene Rechtsform die eingetragene Genossenschaft. Es ist nicht abzusehen, warum der industrielle Zusammenschluß sich in anderer Rechtsform vollziehen soll als der Zusammenschluß der Konsumenten in Konsumvereinen, der landwirtschaftlichen und gewerblichen Produzenten in Einkaufs- oder Bezugsgenossenschaften! Gerade die Organisation auf der Grundlage des Erwerbs- und Wirtschaftsgenossenschaftsgesetzes ist so geschmeidig, daß sie sich den verschiedensten industriellen Bedürfnissen anpassen kann. Das gilt insbesondere von der Kapitalbeschaffung und dem Umfange ihres Wirkungskreises. Da die Genossenschaft zu ihrer Existenz eines festen, eingezahlten Grundkapitales nicht bedarf und die Mitgliederzahl beweglich ist, kann der Zusammenschluß in bescheidenem Rahmen begonnen werden, ohne daß erheblichere Kapitalien aufgebracht werden müßten. Die Struktur der Genossenschaft kommt gerade den Anfangsstadien einer neuen Organisationsbewegung hilfreich entgegen. Was dem Proletarier und Arbeiter in den Konsumgenossenschaften möglich gewesen ist, nämlich das Kapital zur Gründung einer umfassenden Großeinkaufsgesellschaft und zum Bau und Erwerbe eigener Fabriken aufzubringen, sollte dies der finanzkräftigeren Industrie mit ihrem gleichmäßigen und gesicherten Bedarf nicht ebenfalls möglich sein? Zumal doch die Aufbringung der Kapitalien nach dem Genossenschaftsgesetz nicht auf einmal, sondern sukzessive und immer unter Anpassung an den jeweiligen Betriebsumfang erfolgen kann, so daß die Belastung kaum verspürt werden wird. Überdies handelt es sich, worauf auch Peiser aufmerksam macht, bei der Beteiligung an den neuen industriellen Organisationen für die Volkswirtschaft als Ganzes nicht um die Bindung neuen Kapitales, vielmehr um die Freimachung von bestehenden Kapitalien, die heute an ungezählten Stellen verstreut sind. Beschränkt sich die Genossenschaft auf den Bezug der industriellen Materialien und gibt sie die aufgegebenen Mengen an die Mitglieder gegen sofortige Barzahlung ab, so braucht auch das genossenschaftliche Betriebskapital nicht übermäßig groß und infolgedessen die Kapitalbeteiligungen der Genossenschaftsmitglieder nicht hoch zu sein. —

11. Die Empfindung wird stärker, daß der Einzelne die gegenwärtigen und zukünftigen Nöte der Industrie nicht bannen kann. Und dieser Empfindung wird es neben publizistischer Aufklärung berufener Genossenschaftsorganisatoren zu verdanken sein, wenn die Bewegung unter den Industriellen, sich genossenschaftlich zusammenzuschließen, stetig wächst. Wie sich das Tempo der industriellen genossenschaftlichen Organisationsentwickelung gestalten wird, wer vermag es zu sagen? Vielleicht wird es ein sprunghaftes, alle jetzigen Erwartungen übersteigendes sein. Jedenfalls ist aus den Lehren der wirtschaftsgeschichtlichen Entwickelung stets zu beachten, daß mit einer besonderen Zuspitzung der kapitalistischen Wirtschaftspolitik, so nach Krisen oder in allgemeinen Wirtschaftsnöten, die Intensität der genossenschaftlichen Organisationsbildung jedesmal zunimmt. Der genossenschaftliche Organisationsgedanke wurde geboren in Zeiten, als der Handwerkerstand am tiefsten darniederlag und der gleiche Gedanke zündete auch bei dem schwerfälligen und zu Neuerungen nur wenig geneigten Landwirte, als das Einsetzen überseeischer Konkurrenz ihn zwang, im Wege genossenschaftlichen

Zusammenschlusses seine zersplitterten Einzelkräfte auf dem Gebiete des Bezuges landwirtschaftlicher Bedarfsartikel und des Absatzes ebensolcher Erzeugnisse zu sammeln und zu intensiverer Produktion überzugehen.

Die aus der Not der Zeit empfindsam werdende Lücke in der Organisation ihrer gemeinsamen Interessen wirtschaftlicher Natur wird die Industrie durch den genossenschaftlichen Zusammenschluß auf dem Wege der Selbsthilfe auszufüllen wissen. Die disponierend-organisierende Tätigkeit, welche man mit Recht dem industriellen Unternehmer lobend nachrühmt, wird auch hier nicht versagen, sondern zur rechten Zeit und mit allem Nachdrucke die Fäden der genossenschaftlichen Vereinigung miteinander zu verknüpfen suchen. Im Wege eigener Selbsthilfe, weder gebunden durch ein vom Staate vorgeschriebenes Programm einer Planwirtschaft, noch durch seine Aufsicht, noch auch und insbesondere durch Rücksichten auf Interessen anderer Berufszweige, namentlich händlerische Interessen, wird sich die Industrie mit der ganzen Fülle ihrer organisatorischen Kräfte ausleben können.

Diese Industriegenossenschaften werden nicht Kampforganisationen gegen den einheimischen Handel, sondern gegen die Weltmarktkonkurrenz, insbesondere die englische und nordamerikanische werden. Deshalb haben sie eine ganz besondere zukünftige nationale Bedeutung. Wirtschaftspolitik sollen diese industriellen Genossenschaften nicht betreiben, sie sind wie alle Genossenschaften nicht politischer, sondern erwerbswirtschaftlicher Art. Alle wirtschaftspolitischen Aufgaben bleiben wie bisher den industriellen Berufsverbänden überlassen und vorbehalten.

Gewiß, es wird Phasen im Stadium der industriellen Genossenschaftsorganisation geben, wo der Konkurrenzneid der einzelnen industriellen Unternehmer dem genossenschaftlichen Zusammenschlusse entgegenarbeitet. Aber derartige Unterströmungen werden nicht von Dauer sein, weil bei der großen Mehrzahl ihrer anfänglichen Gegner die Einsicht diese menschlichen Schwächen überwinden hilft und weil schließlich der organisatorische Nutzeffekt, den die bestehenden Genossenschaften bieten werden, so greifbar zutage treten wird, daß die Bewegung allgemeine Sympathie auch der bisher ihr abgekehrten Elemente finden dürfte.

Die industrielle Genossenschaftsbewegung wird die aller Genossenschaftswirtschaft eigentümliche Wirkung haben, daß einmal den industriellen Sonderinteressen Genüge getan würde, indem durch Verbilligung der Produktionsweise vermöge des genossenschaftlichen Zusammenschlusses der Absatz der Industrieprodukte, sowohl im Inland wie im Auslande gesteigert würde. Die Verbilligung der Produktionsweise wird die deutsche Industrie exportfähig machen und erhalten. Und dieser Sonderwirkung schließt sich selbsttätig die Allgemeinwirkung an, daß die industrielle Arbeiterschaft bei gutem Absatze der Industrieerzeugnisse ausreichende Beschäftigung und Löhnung findet, Deutschland selbst aber im Handelsaustausche die für seinen Import notwendigen Austauschgüter zur Verfügung hat. Die innere Struktur der Industrie bleibt auch bei Nutzbarmachung der genossenschaftlichen Idee rein privatwirtschaftlich. Der industrielle Einzelbetrieb behält seine bisherige Unternehmungsform in wirtschaftlicher und rechtlicher Hinsicht — und der Zusammenschluß gewisser industrieller Betriebe zu einer Genossenschaft bedeutet nur die Schaffung eines den Zwecken der einzelnen industriellen Betriebe dienenden Hilfsunternehmens, das gewisse Arbeitsgebiete, welche vorher dem einzelnen Industriellen oblagen, nunmehr übernimmt. So z. B. wenn die gemeinschaftliche Beschaffung von Roh- oder Hilfsstoffen, von sonstigen Materialien in Form einer Bezugsgenossenschaft der hierfür in Frage kommenden Industriellen erfolgt; dann wird die Arbeit der Beschaffung einer gemeinsamen Bezugsstelle übertragen. Gewisse Arbeitsverrichtungen, die mit dem einzelnen Bezuge früher erforderlich waren, z. B. Unterhandlungen über die Lieferung, Einkaufsreisen, Besichtigungen usw., scheiden nunmehr aus dem Arbeitsgebiete des einzelnen Betriebsunternehmers aus und vereinfachen dessen Geschäftsführung, so daß die früher für diese Zwecke gebundenen Kräfte nunmehr für andere, vielleicht wichtigere Aufgaben, die der eigentlichen Betriebsführung angehören, frei werden. Gewiß erfordert der Bezug der Materialien auch von der genossenschaftlichen Bezugsstätte gewisse Arbeitsverrichtungen, Prüfungen und Bemusterungen, aber das Arbeitsgebiet ist einmal zentralisiert in der gemeinschaftlichen Bezugsstelle und sodann hat diese vermöge ihrer fortwährenden Betätigung auf diesem Gebiete die Möglichkeit, sich für ihre Zwecke zu spezialisieren und die zur besten Bedienung und Versorgung der ihr angeschlossenen Mitglieder erforderlichen Maßnahmen und Einrichtungen so zu treffen, wie es ein gewandter, ein bestimmtes Versorgungsgebiet ausschließlich bearbeitender Geschäftsmann zu tun pflegt. Die solcher genossenschaftlichen Bezugsgemeinschaft angeschlossenen Industriellen werden aber nicht nur besser und zweckmäßiger, sondern auch billiger und zuverlässiger versorgt.

Eine neue systematische Methode organisatorischer Beschaffungsmöglichkeit wird durch den genossenschaftlichen Zusammenschluß in den Industriebetrieb eingeführt. Der Gesichtspunkt, mit weniger mehr zu erreichen, wird zur Richtschnur, indem nunmehr auch die Industriellen im Wege genossenschaftlicher Selbsthilfe ihre wirtschaftlichen Angelegenheiten in die eigenen Hände nehmen und darin behalten nach dem Muster der vorbildlichen übrigen Genossenschaftsorganisationen der anderen Berufsstände. Auch die Verbrauchergemeinschaften, die Konsumvereine, auch die Genossenschaften der Produzenten, insbesondere die Landwirte, haben das Bestreben, die wirtschaftlichen Angelegenheiten ihrer Mitglieder in die eigenen Hände zu nehmen, und stärken und stützen durch solchen Zusammenschluß das private, individuelle Unternehmen des einzelnen Produzenten. Was braucht Deutschland dann noch „Gemeinwirtschaft" besonderer Art, wozu noch eine „Sozialisierung" oder „Kommunalisierung" von Betrieben, wenn jeder Gewerbetreibende durch genossenschaftliche Hilfsunternehmungen seinen eigenen Betrieb rationell gestaltet. Indem die Produzenten, so weit als möglich, die Versorgung mit Bedarfsgütern genossenschaftlich organisieren, nehmen und behalten sie ihre wirtschaftlichen Angelegenheiten in der eigenen Hand und machen dadurch die weitergehenden Sozialisierungsbestrebungen überflüssig. Nicht umsonst ist in Artikel 156 Abs. 3 der neuen Reichsverfassung der Erwerbs- und Wirtschaftsgenossenschaften als der einzigen Unternehmungsform, welche eine wahrhaft demokratische Gemeinwirtschaft gewährleistet, besonders gedacht worden. Es ist daher eine falsche Annahme gewisser Sozialisierungsfanatiker, welche glauben machen wollen, daß Reich und Einzelstaaten, sowie Gemeinden allein die Träger der Gemeinwirtschaft sein können. Ein sehr großer Teil des Wirtschaftslebens — auch die industrielle Produktion — kann genossenschaftlich gestärkt und gestützt werden und daher vermöge der genossenschaftlichen Organisation den Zielen der Gemeinwirtschaft näher gebracht werden. Noch ist die Eingliederung der genossenschaftlichen Unternehmungsform in die industrielle Produktion nicht zu spät — und die neue Reichsverfassung gewährleistet im Art. 156 Abs. 3 ausdrücklich solche Eingliederung. Daß die genossenschaftliche Idee bei dem Aufbau der industriellen Organisation bisher unberücksichtigt geblieben ist, bedeutet nur eine Verkennung ihrer Tragfähigkeit und Nutzbarmachung. Auch hier wird sich der Satz erfüllen: „Der Stein, der von den Baumeistern verworfen ist, wird zum Eckstein werden."

12. Wir haben bisher nur den Gedanken einer genossenschaftlichen Materialversorgung verfolgt, d. h. an die Gründung von industriellen Bezugsgenossenschaften gedacht. Absichtlich wollten wir in bescheidenem Rahmen beginnen, um die Industriellen mit den ersten Möglichkeiten eines genossenschaftlichen Zusammenschlusses vertraut zu machen. Erst nach erbrachtem Nachweis des Gelingens und der Bewährung dieser neuen Organisationsform wird man dazu übergehen, das zukünftige industrielle Genossenschaftswesen auf eine weitere Grundlage zu stellen, die dem Zusammenschlusse erst ihre wirtschaftliche Macht geben würde. Ich denke dabei an die Erschließung weiterer Aufgaben, die der genossenschaftlichen Organisation im Dienste der Industrie zufallen könnten. Es gibt Phasen und Entwickelungsstufen in der Anwendung des genossenschaftlichen Prinzips. Die moderne Konsumvereinsbewegung Hamburger Richtung ist den langwierigen Weg gegangen. Vom einfachen, bescheidenen Konsumverein ausgehend, hat sie den Bezug von über 2¼ Millionen deutscher Familien, soweit angängig, in einer Spitze, der Großeinkaufsgesellschaft deutscher Konsumvereine, konzentriert und den Bedarf sämtlicher dem Hamburger Zentralverband angeschlossenen Konsumvereine in provinziellen Sammelbedarfszentralen (Einkaufsvereinigungen, Bezirkskonsumvereinen) zentralisiert. Sie ist noch einen Schritt weiter gegangen — und zur Eigenproduktion übergegangen. Allerdings erst auf einigen wenigen hierfür günstig gelegenen Produktionsgebieten (Seifen-, Teigwaren-, Zigarren- und Zündhölzerfabrikation, Kaffeerösterei). Immerhin ist der Keim gelegt zur Ausschaltung der privaten Fabrikation und zum Übergang eigener Produktion durch Angliederung eigener Betriebswerkstätten auf konsumgenossenschaftlicher Basis.

Es drängt sich die Frage auf, ob auch die industrielle Produktion auf anderen Gebieten als demjenigen einer gemeinschaftlichen Materialversorgung das genossenschaftliche Prinzip sich nutzbar machen könnte. Der Gedanke liegt greifbar nahe. Der große, gemeinschaftliche, insbesondere auch der für manche Industriezweige gleichmäßige Bedarf ergibt von selbst die Möglichkeit, kleinere Fabriken auf genossenschaftlicher Grundlage zu betreiben. Es sei gedacht an Fabriken für die Herstellung von Schmierölen, Fässer, Kisten, Verpackungsmaterialien, an eine eigene Genossenschaftsdruckerei für die Herstellung von Drucksachen (Kataloge!) und Formularen.

Ein weiterer Zusammenschluß bestimmter Industriefirmen wäre möglich auf dem Gebiete der gemeinsamen Lagerung (Lagereigenossenschaften), des Lösch- und Ladewesens, der gemeinschaftlichen Eisenbahnladegeleisverwertung, des gemeinschaftlichen Transportwesens zu Lande und zu Wasser (Autobetriebsgenossenschaft, Dampfschiffahrts- und Motorbootsgenossenschaften), einer gemeinschaftlichen Verwertungsgenossenschaft für industrielle Abfallprodukte. Es gibt keinen Betriebszweig, für den grundsätzlich die genossenschaftliche Unternehmungsform ungeeignet wäre. Die genossenschaftliche Organisation ist so geschmeidig, daß sie als Betriebsgenossenschaft ganz speziellen, differenzierten Betriebsaufgaben sich anzupassen vermag. Die oben genannten Betriebe der Lagerei, des Transportes, der Spedition werden bereits mit Erfolg von Genossenschaften wahrgenommen. Wo gemeinschaftlicher Bedarf und die Nachfrage so groß ist, daß sie sich zweckmäßig genossenschaftlich zentralisieren läßt, warum sollen derartige Betriebe nicht für Rechnung und zum Nutzen der dafür in Frage kommenden Industriellen geführt werden können? An Fachleuten zur Leitung derartiger Genossenschaften wird es nicht fehlen.

Ist Einkauf zum Betrieb bestimmter Produktionszweige auf genossenschaftlicher Grundlage denkbar, so auch schließlich der Absatz. Schon früher hat man den Exporthandel genossenschaftlich organisieren wollen. Wir wollen hier dahingestellt sein lassen, aus welchen Gründen diese Unternehmungsform des Überseehandels nicht die Erfolge gehabt hat, die sie hätte zeitigen können. Ich meine, daß zur Verringerung von Spesen für kleinere Fabrikanten bestimmter Industrieprodukte, die sich nicht eine selbständige Exportorganisation leisten können und nicht mit Exportfirmen in Verbindung stehen, der genossenschaftliche Zusammenschluß bei Auswahl geeigneter Exportgeschäftsführer ein wirksames Mittel zur Förderung ihrer Exportinteressen bilden wird. Früher, vor dem Kriege, wurde das genossenschaftliche Exportgeschäft zweifellos durch Konkurrenzbestrebungen der vereinigten Fabrikanten wesentlich erschwert. Dieses große Hemmnis des genossenschaftlichen Zusammenschlusses von Interessenten zum Absatze gleichartiger Industrieprodukte ist zweifellos durch die Umkehr unserer ganzen Handels- und Wirtschaftsverhältnisse unter dem Einflusse der Wirkungen des Weltkrieges beseitigt. Das Verhältnis von Angebot und Nachfrage hat sich in sein Gegenteil umgekehrt. Viele Jahrzehnte war die industrielle Produktion gezwungen, für ihre Güter Absatz zu schaffen. Es mußte, vulgär gesagt, die Produktion dem Konsum nachlaufen. In Zukunft wird das Verhältnis umgekehrt sein. Die Güterknappheit, die auf der ganzen Welt besteht, wird anhalten, die Nachfrage auf Jahre hinaus das Angebot an Waren übersteigen. Daraus wird sich aber auch eine völlige Umstellung der Exporttechnik und der Exportorganisation ergeben. Die Schwierigkeiten, Absatz auf den Märkten für Ware zu finden, werden nicht mehr so groß sein, wenn nur die Preisstellung für deutsche Exportgüter niedriger ist als diejenige anderer internationaler Konkurrenten. Nationale Konkurrenten lassen sich daher in der Zukunft, ohne größere Reibungen zu finden, zweckmäßig in Exporthandelsorganisationen zusammenfassen. Es wird dadurch z. B. die Anstellung und die gegenwärtig kostspielige Unterhaltung von Reisenden und Vertretern sehr erleichtert und verbilligt, es können ferner mit geringeren Spesen an wichtigen Exportplätzen Exportmusterlager errichtet werden, die nicht nur die Anbahnung eines Verkehrs kleinerer Fabrikanten mit den großen Exportfirmen begünstigen, sondern auch den überseeischen Einkäufern anläßlich ihrer Besuche in Deutschland Gelegenheit geben, die Leistungsfähigkeit der ausstellenden Fabrikanten kennen zu lernen. Noch größere Wirksamkeit als von den gemeinschaftlichen Musterlagern dürfte man sich von der Errichtung genossenschaftlicher Verkaufsstellen in den Absatzgebieten versprechen. Vielleicht gehört in Zukunft der Weltmarkt nicht sowohl dem Welthandel, als vielmehr den genossenschaftlich organisierten Industrieen?! — Händlerische Interessen?! Nun, es ist wohl nicht nötig auszuführen, daß sie sich der neuen industriellen Organisationsbewegung entgegenstellen werden. Statt vieler Worte über die Notwendigkeit oder Entbehrlichkeit des Handels auf den von uns der Genossenschaft eingeräumten Gebieten innerhalb der Industrie möchten wir eins hervorheben: Was nützte es dem Handel, wenn er sich zu behaupten verstünde, er aber mit Rücksicht auf die zukünftigen Exportschwierigkeiten nichts zum „handeln" hätte!? Wenn ihm im

Falle der drohenden Konkurrenz ausländischer Industrieen die deutschen Industrieerzeugnisse als Handelsobjekte fehlen würden, weil die Preisstellung ausländischer Produktion vorteilhafter wäre! Und wie nun, wenn sich die deutsche Industrie nur im Falle einer gewissen Verbilligung ihrer Produktion in ihrem gesamten Verlaufe, von der ursprünglichen Herstellung bis zum schließlichen Absatze gerechnet, konkurrenzfähig halten könnte? Würde dann nicht Vernunft Unsinn und Wohltat Plage, wollte sich der Handel einer zukünftigen industriellen Genossenschaftsentwickelung entgegenstellen?! Wir haben immer nur gehört und verstanden, daß der Handel Mittel zum Zwecke, nicht aber Selbstzweck sein soll. Schafft die genossenschaftliche Selbsthilfe der Industrie eine Verbilligung und Vereinfachung ihrer Produktionsweise und ihres Organisationsapparates, so darf sie an diesen Mitteln ihrer zukünftigen Existenzerhaltung trotz anfänglich entgegenstehender Interessen nicht vorübergehen.

Druck von Dr. F. P. Datterer & Cie., München-Freising.

FSC
www.fsc.org
MIX
Papier | Fördert gute Waldnutzung
FSC® C083411

Kolibri 360 GmbH
Ferdinand-Jühlke-Straße 7
99095 Erfurt, Deutschland
produktsicherheit@kolibri360.de